O livro da
divina consolação

Dados Internacionais de Catalogação na Publicação (CIP)
(Câmara Brasileira do Livro, SP, Brasil)

Eckhart, Mestre
  O livro da divina consolação / Mestre Eckhart ;
tradução de Raimundo Vier. – Petrópolis, RJ :
Vozes, 2016. – (Série Clássicos da Espiritualidade)
  Título original : Das Buch der göttlichen Tröstung

  5ª reimpressão, 2025.

  ISBN 978-85-326-5206-5
  1. Consolação 2. Mística 3. Sofrimento –
Aspectos religiosos I. Título. II. Série.

15-11360   CDD-248.22

Índices para catálogo sistemático:
1. Mística e espiritualidade : Cristianismo
248.22

O livro da divina consolação

Mestre Eckhart

Tradução de Raimundo Vier, OFM

EDITORA VOZES

Petrópolis

Tradução do original em alemão intitulado
Das Buch der göttlichen Tröstung:
Meister Eckharts Traktate. Die deutschen Werke V, W. Kohlhammer,
Stuttgart 1963, 471-497.

© desta tradução:
2016, Editora Vozes Ltda.
Rua Frei Luís, 100
25689-900 Petrópolis, RJ
www.vozes.com.br
Brasil

Todos os direitos reservados. Nenhuma parte desta obra poderá ser reproduzida ou transmitida por qualquer forma e/ou quaisquer meios (eletrônico ou mecânico, incluindo fotocópia e gravação) ou arquivada em qualquer sistema ou banco de dados sem permissão escrita da editora.

Conselho editorial	Produção editorial
Diretor	Anna Catharina Miranda
Volney J. Berkenbrock	Eric Parrot
	Jailson Scota
Editores	Marcelo Telles
Aline dos Santos Carneiro	Mirela de Oliveira
Edrian Josué Pasini	Natália França
Marilac Loraine Oleniki	Priscilla A.F. Alves
Welder Lancieri Marchini	Rafael de Oliveira
	Samuel Rezende
Conselheiros	Verônica M. Guedes
Elói Dionísio Piva	
Francisco Morás	
Teobaldo Heidemann	
Thiago Alexandre Hayakawa	

Secretário executivo
Leonardo A.R.T. dos Santos

Editoração: Maria da Conceição B. de Sousa
Diagramação: Sheilandre Desenv. Gráfico
Capa: Editora Vozes
Ilustração de capa: Benedito G.G. Gonçalves

ISBN 978-85-326-5206-5

Este livro foi composto e impresso pela Editora Vozes Ltda.

Benedictus Deus et Pater Domini nostri Jesu Christi etc. (2Cor 1,3s.).

O nobre Apóstolo São Paulo diz as palavras seguintes: "Bendito seja Deus e Pai de Nosso Senhor Jesus Cristo, um Pai de misericórdia e Deus de toda consolação que nos consola em todas as nossas aflições". Há três formas de aflição que afetam e oprimem o homem no presente estado de miséria. Uma nasce dos danos aos bens externos, outra dos danos que atingem seus parentes e amigos, e a terceira, dos danos advindos à sua própria pessoa, na desestima, na desgraça, nos sofrimentos corporais e nas aflições do coração.

Por isso tenciono assentar neste livro alguns ensinamentos com os quais o homem possa consolar-se em todas as suas desventuras, tristezas e sofrimentos. O livro consta de três partes. Na primeira encontram-se algumas verdades das quais se pode deduzir o que serve para consolar o homem, plena e eficazmente, em todos os seus sofrimentos. Seguem-se depois cerca de trinta pontos de doutrina, em cada um dos quais se pode encontrar a mais autêntica e completa consolação. E enfim, na terceira parte do livro, encontram-se alguns exemplos de obras praticadas e palavras pronunciadas por pessoas sábias nos seus sofrimentos.

1

Em primeiro lugar, importa saber que o Sábio e a Sabedoria, o Verdadeiro e a Verdade, o Justo e a Justiça, o Bom e a Bondade estão relacionados entre si da maneira seguinte. A Bondade não é criada nem feita nem gerada; no entanto, é geradora e engendra o Bom, e o Bom, enquanto Bom, é não feito e incriado, e contudo, é prole gerada e Filho da Bondade. A Bondade engendra-se, e tudo o que ela é, no Bom: o Ser, o Saber, o Amar e o Operar ela os derrama todos juntos no Bom, e o Bom recebe todo o seu Ser, Saber, Amar e Operar do coração e do mais íntimo da Bondade e dela somente. O Bom e a Bondade são *uma* só Bondade, plenamente una em tudo, menos o engendrar (de uma) e o ser-engendrado (de outro); e contudo, o engendrar da Bondade e o ser engendrado no Bom é plenamente *um* Ser, *uma* Vida. Tudo o que pertence ao Bom, Ele o recebe da Bondade na Bondade. Ali Ele existe e vive e mora. Ali Ele se conhece a si mesmo e tudo o que conhece, e ama tudo o que ama, e opera com a Bondade na Bondade, e a Bondade com Ele (opera) todas as suas obras, como está escrito e diz o Filho: "O Pai opera as obras permanecendo e morando em mim" (Jo 14,10). "O Pai opera até agora, e eu opero" (Jo 5,17). "Tudo o que é do Pai é meu, e tudo o que é meu e daquilo que é meu, é de meu Pai: dele no dar e meu no receber" (Jo 17,10).

Outrossim, importa saber que, quando falamos do "Bom", o nome ou a palavra não designa e contém senão a Bondade nua e pura, nem menos nem mais; entretanto, o que então se quer significar é o Bom enquanto é a

Bondade que se dá (ou engendra). Quando falamos do "Bom", o que se quer dar a entender é que o seu Ser Bom lhe é dado, infundido e inengendrado pela Bondade não engendrada. Por isso diz o Evangelho: "Assim como o Pai tem a vida em si mesmo, assim deu ao Filho o ter também Ele a vida em si mesmo" (Jo 5,26). Ele diz: *"em si mesmo"*, e não *"de si mesmo"*, pois foi o Pai quem lha deu.

Tudo o que acabo de dizer do Bom e da Bondade vale igualmente do Verdadeiro e da Verdade, do Justo e da Justiça, do Sábio e da Sabedoria, do Filho de Deus e de Deus Pai, de tudo o que nasceu de Deus e não tem pai na terra, e onde não há geração alguma de coisa criada ou do que não é Deus ou do que não contém outra imagem que não seja o Deus puro somente. Pois assim fala São João no seu Evangelho: que "o poder e a capacidade de se tornarem filhos de Deus foram dados a todos aqueles que não nasceram do sangue, nem da vontade da carne, nem da vontade do varão, mas por Deus e de Deus somente" (Jo 1,12s.).

Por "sangue" ele entende tudo aquilo que no homem não está sujeito à sua vontade. Por "vontade da carne" entende tudo aquilo que, embora se submeta à sua vontade, não o faz sem alguma resistência e relutância; e o que propende para a concupiscência da carne, e o que pertence à alma e ao corpo juntos e não se encontra propriamente na alma sozinha; e por conseguinte, *estas* potências da alma vão se cansando, enfraquecendo e envelhecendo. Por "vontade do varão" entende São João as forças supremas da alma, cuja natureza e cujo obrar não se misturam à carne e que residem na pureza da alma, separadas do tempo e do espaço e de tudo o que ainda tem alguma relação ao tempo e ao espaço ou algum gosto por eles, forças que nada têm em comum com coisa alguma, e nas quais o homem é formado segundo Deus e pertence à linhagem e à parentela de Deus. Todavia, como não são o próprio Deus, e como são criadas na alma e com a alma, devem depor sua forma própria e revestir a forma de Deus somente, a fim de que, nascidas de Deus, outro Pai não tenham senão Deus; e assim também elas são filhos de Deus e filho unigênito de Deus. Pois sou filho de tudo o que me forma e engendra à sua imitação e em si e à sua semelhança. À medida que um tal homem, filho de Deus, bom enquanto filho da Bondade, justo enquanto filho da Justiça, é filho dela (i. é, da Justiça) somente, *esta* é não engendrada e geradora, e o filho por ela gerado tem o mesmo e único ser que a Justiça tem e é; e assim Ele toma posse de tudo o que é próprio à Justiça e à Verdade.

De toda esta doutrina que está escrita no santo Evangelho e é conhecida com segurança à luz natural da alma dotada de razão, depara-se ao homem verdadeira consolação para todo sofrimento.

Diz Santo Agostinho: Para Deus nada é distante ou demorado. Se queres que nada seja distante nem demorado para ti, conforma-te a Deus, pois ali mil anos são como o dia de hoje. Da mesma forma digo eu: Em Deus não há tristeza, nem sofrimento, nem desventura. Se queres ver-te livre de toda desventura e sofrimento, segura-te e volta-te com lealdade a Deus somente. Por certo, a fonte de todo sofrimento está em não te converteres para Deus somente. Com efeito, se lá estiveres, informado e nascido na justiça exclusivamente, coisa nenhuma te faria sofrer, assim como nada faz sofrer ao próprio Deus justo. Diz Salomão: "Nenhum mal atingirá o justo" (Pr 12,21). Não diz "o homem justo", nem "o anjo justo", nem este ou aquele ser. Ele diz: "o justo". O que de qualquer modo pertence ao justo e, particularmente, o que faz a sua justiça ser *sua* e *o* torna justo, isto é filho e tem um pai na terra e é criatura e é feito e criado, pois seu pai é criatura, feita ou criada. Não assim o Justo puro: não tendo pai criado ou feito, e sendo Deus e a Justiça uma unidade perfeita, e a Justiça o seu único Pai, por isso a dor e a desventura não podem invadi-lo (i. é, o justo), como não podem invadir a Deus. A Justiça não lhe pode causar dor, pois outra coisa não é senão alegria, prazer e deleite; e ademais: se causasse dor ao justo, a Justiça a causaria a si mesma. Nenhuma coisa desigual e injusta, nem coisa alguma feita ou criada seria capaz de lançar na dor o homem justo; pois tudo o que é criado é muito inferior a ele, tanto quanto é inferior a Deus, e não causa nenhuma impressão ou influência no justo, nem se engendra naquele cujo pai é Deus somente. Por esse motivo deve o homem fazer grande empenho em depor sua forma própria e a de toda criatura e em não reconhecer como pai senão a Deus somente; então nada lhe causará aflição ou tristeza, nem Deus nem a criatura, nem o criado nem o incriado, e todo o seu ser, viver, conhecer, saber e amar lhe vem de Deus, e está em Deus e (é o próprio) Deus.

E eis um *segundo* ensinamento igualmente consolatório para o homem em todas as suas desventuras. É coisa certa que o homem justo e bom se alegra muito mais, indizivelmente mais até, com a obra da justiça do que com o deleite e a alegria que ele, ou mesmo o mais excelso dos anjos, tira do seu ser ou de sua vida naturais. E foi por isso que os santos alegremente entregaram suas vidas pela justiça.

Digo pois: se o homem bom e justo que sofre um mal exterior se mantém inabalável na serenidade e na paz do seu coração, então o que eu dizia é verdade: o justo não se entristece, pouco importa o que lhe ocorra. Se, ao contrário, ele se entristece com o mal exterior, então Deus procedeu com justiça permitindo que esse mal lhe ocorresse, visto que pretendia e supunha ser justo, embora se deixasse abater por coisas de tão pequena monta. Se tal é, pois, o direito de Deus, então, na verdade, longe de entristecer-se por causa disso, deveria alegrar-se, e até mais do que se alegra com a própria vida; vida essa que todo homem desfruta com mais alegria e que lhe é mais valiosa que o mundo inteiro; com efeito, se não fosse vivo, que lhe aproveitaria o mundo inteiro?

A *terceira* palavra que se pode e deve saber é esta: só Deus, de acordo com a verdade natural, é fonte e origem única de todo ser bom, de toda verdade essencial e de consolação, e tudo o que não é Deus traz em si, por natureza, certo amargor e desconsolo e aflição, e nada acrescenta à Bondade que deriva de Deus e é Deus, senão que (o amargor) diminui e encobre e oculta a doçura, a delícia e a consolação que Deus dá.

E digo mais, que todo sofrimento provém do amor àquilo de que a perda me privou. Portanto, se a perda de coisas exteriores me faz sofrer, eis aí um indício seguro de que tenho amor às coisas exteriores e, por conseguinte, de que na verdade eu amo o sofrimento e o desconsolo. Com efeito, que há de estranhável em que eu depare com o sofrimento se amo e busco o sofrimento e o desconsolo? O meu coração e o meu amor apropriam à criatura o Ser Bom que é propriedade de Deus. Volto-me para a criatura, fonte natural de desconsolo, e viro as costas a Deus, fonte de toda consolação. E acho estranho que entre a sofrer e a sentir-me triste. Em verdade, nem Deus nem o mundo inteiro seriam capazes de proporcionar verdadeira consolação ao homem que procura consolo nas criaturas. Mas quem na criatura só amasse a Deus e só em Deus amasse a criatura, este encontraria, em toda a parte, consolação verdadeira, merecida e sempre igual. – E com isso damos por encerrada a primeira parte deste livro.

2

Seguem-se agora, na *segunda parte,* cerca de trinta pontos, cada um dos quais servirá por si só de consolo eficaz a todo homem sensato.

O primeiro é este: Não há desventura ou desgraça que não venha unida a alguma ventura, nem mal que seja mal somente. Por isso diz São Paulo que Deus, em sua fidelidade e bondade, não permitirá que alguma provação ou aflição se nos torne intolerável, mas providenciará e dará sempre alguma consolação que nos sirva de ajuda (cf. 1Cor 10,13). Dizem também os santos e os mestres pagãos que Deus e a natureza não consentem que haja um mal ou sofrimento puro.

Tomemos o caso do homem que, tendo possuído cem marcos [sic], perde quarenta deles, ficando com sessenta. Se esse homem ficar ruminando a perda dos quarenta marcos, permanecerá desconsolado e aflito. Com efeito, como poderia consolar-se e deixar de sofrer o que volta sua atenção à desgraça e à dor, absorvendo-as e por elas deixando-se absorver, mirando-as e por elas deixando-se mirar, palestrando e entretendo-se e como que entrevistando-se com seu infortúnio? Se, ao invés, voltasse o pensamento aos sessenta marcos que ainda tem e, dando as costas aos quarenta que perdeu, se concentrasse naqueles, para olhá-los de frente e entreter-se com *eles,* certamente se consolaria. O que é algo e é bom, é capaz de consolar; mas o que não é, nem é bom, o que não é meu e está perdido para mim, necessariamente gera desconsolo e sofrimento e aflição. Por isso diz Salomão: "Nos dias de aflição não olvides os dias de bem-estar" (Eclo 11,27). Quer dizer: sempre que estejas infeliz e desconsolado, pensa no bem e na felicidade que ainda tens e guardas. Outra coisa que poderá consolar o nosso homem é a consideração de que há muitos milhares de pessoas que, se possuíssem os sessenta marcos que tu ainda tens, ter-se-iam por grandes senhores e senhoras e, julgando-se muito ricos, alegrar-se-iam de coração.

Há outra coisa que serve de consolo ao homem. Ponhamos que, embora enfermo e padecendo grande dor corporal, ele disponha de uma casa e de tudo o que necessita em matéria de alimentação e bebida, de assistência médica e serviço de criadagem, em simpatia e ajuda dos amigos: Como deverá proceder nesse caso? Ora, pergunto eu: O que fazem os pobres que têm de suportar doenças e desgraças iguais, e até piores, e não têm ao menos quem lhes ministre um copo de água fresca? Outro remédio não têm senão procurar, de casa em casa, um bocado de pão seco, na chuva, na neve e no frio. Portanto, se queres receber consolação, esquece os que estão bem e pensa nos que passam mal.

Digo, outrossim: Todo sofrimento vem do amor e da inclinação. Portanto, se sofro por causa de coisas transitórias, a razão disso está em que eu, com meu coração, continuo a amar e a pender para as coisas que passam; não amo a Deus com todo o meu coração, e ainda não amo o que Deus quer ver amado por mim e com Ele. Assim sendo, por que me admiro que Deus consinta, e com toda a justiça, que eu sofra agravos e dores?

Diz Santo Agostinho: Senhor, eu não quisera perder-te, mas na minha cobiça eu quis possuir (juntamente) contigo, as criaturas; e por isso te perdi, pois não toleras que contigo, que és a Verdade, se compartilhe a falsidade e a ilusão das criaturas. Diz ainda em outro lugar que é por demais cobiçoso o que não se contenta com Deus somente. E em mais outro lugar diz: Como poderiam bastar os dons de Deus às criaturas a quem não basta o próprio Deus? Ao homem bom deve servir de tormento, e não de consolação, tudo o que é estranho a Deus e diferente dele e (tudo o que) não é, exclusivamente, o próprio Deus. Deve dizer, sempre: Senhor Deus e minha consolação, quando me remetes de ti para qualquer outra coisa, dá-me um outro Tu, para que eu vá de ti para ti; pois nada quero senão a ti. Quando Nosso Senhor anunciou todo o bem a Moisés e o enviou à Terra Santa, que é o Reino dos Céus, Moisés disse: "Senhor, não me mandes aonde não queiras vir também Tu" (cf. Ex 33,15).

Toda propensão e todo deleite e amor provêm do que se assemelha a nós, pois todas as coisas propendem para, e amam o que é semelhante a elas. O homem puro ama tudo o que é puro, o justo ama e tende para a justiça; a boca do homem fala daquilo que traz no seu íntimo, pois, como diz Nosso Senhor: "A boca fala da abundância do coração" (Lc 6,45); e Salomão diz que "o trabalho do homem está em sua boca" (Ecl 6,7). Daí que o persistir alguém em tender para fora e ali encontrar consolação é sinal seguro de que não é Deus, e sim a criatura que mora no seu coração.

Eis por que o homem bom deveria envergonhar-se muito diante de Deus e de si mesmo ao dar-se conta que Deus não está nele e que não é Deus, o Pai, que nele opera as obras, mas que, ao contrário, é a criatura importuna que continua a viver nele e a determinar-lhe a inclinação e a produzir suas obras. Por isso diz o Rei Davi, lamentando-se, no saltério: "Meu pão é o pranto, de dia e de noite, enquanto insistem: Onde está o teu Deus?" (Sl 41,4). Na verdade, a propensão para a exterioridade e a consolação no desconsolo, assim como o prazer, o interesse e a frequência com que disso falo, denotam com verdade que Deus não se faz visível em mim, não vigia em mim, não opera em mim. E ademais, ele (i. é, o homem bom) deveria sentir vergonha de expor-se assim aos olhos das pessoas de bem. O homem bom nunca deve deplorar seus males e sofrimentos; antes, deve lastimar o mesmo hábito de lastimar-se e o deparar em si, ainda, tais queixas e aflições.

Dizem os mestres que debaixo do céu há um fogo imenso e poderosamente cálido e que, no entanto, o céu não é afetado em nada por ele. Ora, como se diz num escrito, a parte mais ínfima da alma é mais nobre do que a parte mais alta do céu. Como pode então um homem ter a presunção de ser homem digno do céu e de ali ter o coração, quando ainda se entristece e sofre com coisas tão pequenas!

Passo agora a falar de outra coisa. Não pode ser bom o homem que não quer o que Deus quer em cada caso particular, pois é impossível que Deus queira uma coisa que não seja um bem; e é principalmente porque Deus a quer que ela se torna, e é, necessariamente boa e, ao mesmo tempo, a melhor. Por isso Nosso Senhor ensinou aos apóstolos, e a nós através deles, a rezar todos os dias que se faça a vontade de Deus. E, no entanto, *quando* a vontade de Deus vem e se faz, nós nos queixamos.

Sêneca, um mestre pagão, pergunta: Qual é a melhor consolação no sofrimento e no infortúnio? E responde que o homem deve aceitar todas as coisas como se assim as tivesse desejado e pedido; com efeito, tu as terias desejado se tivesses sabido que todas as coisas acontecem por vontade de Deus, com a vontade de Deus e na vontade de Deus. Diz um mestre gentio: Ó Guia e Pai e Senhor soberano do alto céu, estou disposto a tudo quanto queiras; dá-me a vontade de querer consoante a tua vontade!

Nisso o homem bom deve confiar em Deus, e crer nele, e ter por certo e reconhecê-lo como bom, a ponto de ser impossível a Deus, em sua bondade e amor, permitir que algum sofrimento ou mal sobrevenha ao homem, salvo para preservá-lo por esse meio de um sofrimento maior, ou mesmo para dar-lhe, já na terra, maior consolação, ou para transformá-lo em algo melhor, patenteando assim de modo mais forte e cabal a glória de Deus. Mas seja isso como for: pela só razão de ser vontade de Deus que tal coisa aconteça, deve a vontade do homem bom achar-se tão completamente una e unida à vontade de Deus que o homem queira, com Deus, a mesma coisa, ainda que isso lhe acarrete algum mal e até mesmo a condenação. Eis por que São Paulo, por causa de Deus, e por causa da vontade de Deus, e para glória de Deus, desejava estar separado de Deus (cf. Rm 9,3). Pois o homem verdadeiramente perfeito deve, habitualmente, estar morto para si mesmo e despojado de si mesmo em Deus, e revestido da vontade de Deus, de modo tal que toda a sua felicidade consista em nada saber de si mesmo e de tudo (o mais), para, ao invés, saber só e unicamente a Deus, e em não querer nem conhecer outra vontade que não a de Deus, e em querer conhecê-lo assim como Ele me conhece, como diz São Paulo (cf. 1Cor 13,12). Tudo o que Deus conhece e tudo o que ama e quer, Ele o conhece, ama e quer em si mesmo em sua própria vontade. Quem o diz é o próprio Senhor: "A vida eterna consiste em conhecer a Deus somente" (Jo 17,3).

Por essa razão dizem os mestres que os bem-aventurados no Reino do Céu conhecem as criaturas sem quaisquer imagens delas; antes, conhecem-nas na *única* imagem que é Deus e em que este se conhece e ama e quer a si mesmo e a todas as coisas. É o que o próprio Deus nos ensina a rogar e a desejar, dizendo: "Pai nosso", "santificado seja o teu nome", isto é: o conhecer-te a ti somente (cf. Jo 17,3); "venha o teu reino", de sorte que eu nada conheça ou reconheça de valioso senão a ti, o Bem por excelência. Por isso diz o Evangelho: "Bem-aventurados os pobres de espírito" (Mt 5,3), isto é, de vontade, e pedimos a Deus que a sua "vontade se faça na terra", isto é, em nós, "como no céu", isto é, no próprio Deus. Tão unida à de Deus é a vontade de um tal homem que ele quer tudo o que Deus quer e assim como Deus o quer. E como, de certa forma, Deus quer inclusivamente que eu tenha feito pecado, eu não quereria não ter feito pecado, pois assim se faz a vontade de Deus "na terra", isto é, na ação má, "como no céu", isto é, no agir bem. Destarte o homem quer sentir falta de Deus por amor de Deus, e estar separado de Deus por amor de Deus, e é nisso que consiste a reta contrição dos meus pecados; pois assim o pecado me causa dó sem dor, assim como a Deus tudo o que é mau causa dó sem dor. A dor, e a maior das dores, eu a tenho por causa do pecado – pois eu não faria pecado, nem a troco de tudo o que há de criado ou de criável, e nem mesmo que pudesse haver mil mundos num tempo eterno –, mas sem dor; e as dores, eu as tiro e recebo na vontade e da vontade de Deus. Tal é a única dor perfeita, visto proceder e brotar do amor puro da bondade e alegria puríssimas de Deus. Assim se verifica e se constata o que eu disse neste livrinho: que o homem bom, na medida em que é bom, entra totalmente no próprio ser da Bondade que é Deus em si mesmo.

E agora atenta para a vida admirável e venturosa que este homem tem "na terra" "como no céu", em Deus mesmo! A um tal, a desventura se torna em ventura, e os males, amáveis; e contudo, repara nisso mesmo ainda um consolo especial, pois quando possuo a graça e a bondade, das quais acabo de falar, encontro-me igual e plenamente consolado e contente em todo o tempo e em todas as coisas; se, ao contrário, nada disso possuo, devo dispensá-lo por amor a Deus e à sua vontade. Se lhe aprouver dar-me o que desejo, muito que bem, e regozijar-me-ei; se ao contrário não quiser concedê-lo, aceitá-lo-ei, renunciando ao meu desejo com a mesma vontade com que Deus *não* o quer; e assim recebo, ainda que sentindo falta e não recebendo. O que me falta então? Por certo, a Deus se recebe mais propriamente renunciando do que recebendo; pois quando o homem recebe, é o dom, em si mesmo, que lhe dá alegria e consolo. Mas quando não se recebe, então nada se possui nem se encontra nem se sabe em que se possa ter alegria, salvo a Deus e a vontade de Deus somente.

Há um outro consolo ainda. Quando o homem perdeu um bem exterior ou um amigo ou um parente, um olho, uma mão, ou o que quer que seja, poderá ter a certeza de que, se o suportar com paciência e por amor de Deus, terá a seu favor junto a Deus, pelo menos, tudo aquilo a cujo preço não teria querido suportar a perda em questão. (Por exemplo:) Um homem perde um olho: se não tivesse consentido em prescindir desse olho ao preço de um mil, ou de seis mil marcos [sic], ou mais, então certamente recebeu a seu favor com Deus e em Deus tudo aquilo a troco do que não quisera ter suportado o referido prejuízo ou sofrimento. E deve ser isto o que o Senhor quis dar a entender quando disse: "Melhor te é entrar na vida eterna com um só olho do que com ambos os olhos ser lançado na geena do fogo" (Mt 18,9). E o mesmo, sem dúvida, quis Deus dizer com as palavras: "Todo aquele que por minha causa deixar irmãos, irmãs, pai, mãe, filhos, terras ou casa, receberá o cêntuplo e possuirá a vida eterna" (Mt 19,29). E ouso dizer com certeza, na verdade de Deus, e pela minha salvação, que aquele que por causa de Deus e da Bondade abandonar pai e mãe, irmão e irmã, ou seja lá o que for, recebe o cêntuplo de duas maneiras. Em primeiro lugar, seu pai, sua mãe, seu irmão e sua irmã lhe serão cem vezes mais caros do que o são agora; em segundo lugar, verá que não apenas cem, mas todas as pessoas, enquanto são pessoas e homens, ser-lhe-ão incomparavelmente mais caros do que o são para ele agora, por natureza, o pai, a mãe, ou o irmão. Que o homem não se dê conta disso, isto se deve só e unicamente ao fato de ainda não ter deixado totalmente, e só e apenas por causa de Deus e da Bondade, pai e mãe, irmã e irmão e todas as coisas. Com efeito, como teria deixado pai e mãe, irmã e irmão por causa de Deus o que ainda os encontra na terra em seu coração, e que ainda se entristece e (ainda) pondera e atenta para o que não é Deus? Como teria deixado todas as coisas por causa de Deus o que ainda volta sua atenção e sua vista para este e para aquele bem? Diz Santo Agostinho: Deixa de lado este bem e aquele bem, e restar-te-á a Bondade pura em si mesma, a pairar em sua pureza casta e simples: e isto é Deus. Pois, como declarei acima: Este bem ou aquele bem nada acrescenta à Bondade, senão que oculta e encobre a Bondade em nós. Tudo isso o verifica e sabe quem o vê e contempla *na Verdade*, porque é verdadeiro na Verdade; portanto, é *ali*, e em nenhuma outra parte, que se há de verificá-lo.

Todavia, convém saber que o possuir a virtude e o querer sofrer têm certa gradação, exatamente como o vemos na natureza: um homem avantaja-se a outro no tamanho, na beleza, na aparência, no aspecto, no saber, nas aptidões. Da mesma forma um homem pode ser bom, e todavia – sem apartar-se de Deus ou da Bondade – estar mais ou menos apegado, com amor natural, ao pai, à mãe, à irmã, ao irmão. Contudo, será bom ou melhor na mesma proporção em que se deixar consolar e tocar em menor ou maior grau por esse amor ou afeto natural ao pai e à mãe, à irmã e ao irmão, e a si mesmo, e deles tomar consciência.

Não obstante, como escrevi acima: Se o homem fosse capaz de aceitar isto mesmo na vontade de Deus, visto ser vontade de Deus que a natureza humana tenha tal imperfeição – principalmente pela justiça de Deus em vista do pecado do primeiro homem – e se, caso assim não fosse, estivesse disposto a renunciar de bom grado a todas elas na vontade de Deus, tudo estaria bem com ele, e, por certo, sentir-se-ia consolado no sofrimento. Tal é o sentido da palavra de São João, de que "a luz verdadeira resplandece nas trevas" (Jo 1,5) e da de São Paulo, que "na fraqueza a virtude se manifesta plenamente" (2Cor 12,9). Pudesse o ladrão sofrer a morte verdadeira, plena, pura, gostosa, voluntária e alegremente por amor à divina justiça, pela qual e conforme a qual o Deus justo quer que o malfeitor seja morto, com certeza salvar-se-ia e entraria para a bem-aventurança.

Há mais outra consolação. Dificilmente se encontra uma pessoa que, para salvar a vida de alguém, não se dispusesse a ficar privada de uma vista por espaço de um ano, ou mesmo a ficar cega, se depois pudesse recuperar o olho e deste modo salvar da morte o amigo. Se pois um homem se dispõe a sacrificar, por um ano, o próprio olho, para salvar da morte um homem que, de qualquer modo, terá de morrer dentro de uns poucos anos, quanto mais justa e prontamente deverá sacrificar dez ou vinte ou trinta dos anos que talvez lhe restam de vida, a fim de conquistar sua própria bem-aventurança eterna e contemplar para todo o sempre a Deus em sua luz divina e, em Deus, a si mesmo e a todas as criaturas!

Eis mais outra consolação: Para um homem bom, enquanto bom, e nascido da só Bondade e enquanto imagem da Bondade, tudo o que é criado, e isto e aquilo, é incômodo, amargo e danoso. E portanto, o perder tais coisas significa ficar livre de, e perder, sofrimentos, desventuras e danos. Efetivamente, perder um sofrimento é um real consolo. Por isso o homem não deve lastimar os seus males. Antes, deve lastimar-se por não dispor de consolo, e por não poder degustar-lhe os efeitos, assim como o vinho, conquanto doce, não sabe ao enfermo. E deve lastimar-se – como escrevi acima – por não ter deposto ainda totalmente a forma das criaturas e não haver revestido todo o seu ser com a forma da Bondade.

O homem que sofre deve recordar, outrossim, que Deus fala a verdade e que as suas promessas são feitas em seu próprio nome, enquanto Verdade. Se fosse infiel à sua palavra, à sua verdade, Deus seria infiel à sua Divindade e já não seria Deus, pois Ele é sua palavra, sua verdade. Ora, a Palavra de Deus é que a nossa dor está transmudada em alegria (cf. Jr 31,13). Se eu soubesse com certeza que todas as minhas pedras se transformariam em ouro, quanto mais e maiores elas fossem, tanto melhor seria para mim; não só isso: eu sairia a pedir pedras e, se possível, as compraria, e grandes, e muitas; quanto mais e maiores fossem, tanto mais vantajoso para mim. Desta forma o homem com certeza se consolaria grandemente em todo o seu sofrer.

Eis outro exemplo semelhante. Um vaso não comporta duas qualidades de bebida. Se se destina a conter vinho, é preciso despejar a água; o recipiente tem de estar vazio e livre. Da mesma forma, se quiseres acolher a Deus e sua divina alegria, forçoso te é que despejes primeiro as criaturas. Diz Santo Agostinho: "Despeja e encher-te--ás. Aprende a *não* amar, e aprenderás a amar. Afasta-te, e achegar-te-ás". Em suma, tudo o que deve acolher e ser receptivo deve necessariamente estar vazio. Dizem os mestres: Se o olho, no ato de perceber, tivesse em si alguma cor, ele não perceberia a cor que tem, nem a que não tem; é por carecer de todas as cores que ele conhece todas as cores. A parede tem uma cor, e por isso ela não conhece a própria cor, nem qualquer outra, e não se alegra com a cor, nem o ouro a alegra mais que o azul ou a cor do carvão. O olho não tem cor, e não obstante a tem, no sentido mais verdadeiro, pois conhece-a com prazer e deleite e alegria. E quanto mais perfeitas e puras são as forças da alma, tanto mais perfeita e complexivamente acolhem o que apreendem, e tanto mais recebem e se deleitam, e tanto mais se tornam uma só coisa com aquilo que percebem; tanto assim que afinal a força suprema da alma, despida de todas as coisas, e nada compartilhando com coisa alguma, recebe em si nada menos que o próprio Deus com toda a abundância e plenitude do seu ser. E provam os mestres não haver gozo nem deleite comparável a essa união, a esse transcurso e a essa delícia. Eis por que diz Nosso Senhor em significativa passagem: "Bem-aventurados os pobres de espírito" (Mt 5,3). Pobre é o que nada tem. Ser "pobre de espírito" quer dizer: assim como o olho é pobre e destituído de cor e suscetível a todas as cores, assim o pobre de espírito é receptivo para todo o espírito, e o espírito de todos os espíritos é Deus. O fruto do espírito é o amor, a alegria, e a paz. O estar desnudo, o ser pobre, o nada ter, o estar vazio, transforma a natureza; o vazio faz a água subir morro acima e outras coisas maravilhosas das quais não cabe falar agora.

Portanto, se quiseres ter e encontrar alegria e consolação total em Deus, trata de desembaraçar-te de todas as criaturas e de toda consolação criatural; pois é certo que, enquanto a criatura te consola, ou é capaz de consolar-te, jamais encontrarás consolação verdadeira. Mas quando nada pode consolar-te a não ser Deus, então, em verdade, Deus te consola e nele terás tudo que é deleite. Enquanto te consola o que não é Deus, não terás consolação aqui nem acolá. Se ao contrário a criatura não te consola e não te sabe, então encontrarás consolação aqui como lá.

Se fosse possível esvaziar perfeitamente uma vasilha e mantê-la vazia de tudo o que pode enchê-la, inclusive do ar, a vasilha sem dúvida renegaria e esqueceria a sua natureza, e o vazio a levantaria até o céu. Da mesma forma, o estar nu, pobre e vazio de todas as criaturas soergue a alma para Deus. Também a igualdade e o calor arrastam para cima. A igualdade em Deus é atribuída ao Filho, o calor e o amor ao Espírito Santo. A igualdade em tudo e, de modo especial, e em primeiro lugar e sobretudo na natureza divina, é nascimento do Uno, e a igualdade do Uno, no Uno e com o Uno é princípio e origem do florescente e ardente Amor. O Uno é princípio sem nenhum princípio. A igualdade é princípio desde o Uno somente, e do Uno e no Uno recebe o ser e o ser princípio. É da natureza do amor o efluir e proceder de dois. O uno enquanto uno não produz amor. Tampouco o produz o dois enquanto dois: o dois enquanto uno, sim, necessariamente produz amor espontâneo, impetuoso, ardente.

Diz Salomão que todas as águas, isto é, as criaturas, correm e refluem para a sua origem (Ecl 1,7). Portanto, é necessariamente verdadeiro o que eu dizia: a igualdade e o amor ardente atraem às alturas, conduzindo e introduzindo a alma ao primeiro Princípio do Uno, que é "Pai de todos no céu e na terra" (cf. Ef 4,6). Digo, pois, que a igualdade nascida do Uno atrai a alma ao mais íntimo de Deus, assim como Ele é o Uno em sua oculta união, pois é isso o que se entende por Uno. Temos disso uma imagem visível: quando o fogo material inflama a acha, uma centelha toma a natureza do fogo, igualando-se ao fogo puro imediatamente inferior ao céu. Logo esquece e renega pai e mãe, irmão e irmã na terra e precipita-se às alturas e ao pai no céu. O pai da centelha terrena é o fogo, sua mãe é a acha, seus irmãos e irmãs são as demais centelhas; a primeira centelhinha não espera por elas. Pressurosa, sobe para junto do seu verdadeiro pai, que é o céu; pois quem conhece a verdade bem sabe que o fogo, enquanto é fogo, não é o pai real e verdadeiro da centelha. O pai real e verdadeiro da centelha e de tudo o que é da natureza do fogo é o céu. E mais, importa observar bem que a tal centelhinha não só abandona pai e mãe, irmão e irmã na terra; antes, abandona, olvida e renega inclusive a si própria, mercê do seu amor, ansiosa por alcançar o céu, seu verdadeiro pai, pois inevitavelmente se extinguiria no frio do ar; outrossim, manifesta o amor natural a seu verdadeiro pai no céu.

E como já se disse do estar vazio ou desnudo, que a alma, quanto mais pura e nua e pobre for, e quanto menos criaturas possuir, e quanto mais vazia se encontrar de tudo que não seja Deus, tanto mais pura será sua posse de Deus e em Deus, e maior sua união com Deus e sua intuição em Deus, e a de Deus nela, face a face, como que sobreformada na imagem de Deus, na palavra de São Paulo – isto mesmo digo da igualdade e do fogo do amor: pois quanto mais uma coisa se assemelha a outra, tanto mais tende para junto dela, e tanto mais veloz e prazeroso e deleitoso é seu curso; e quanto mais se afasta de si mesma e de tudo que não é a meta que persegue, e quanto mais dessemelhante se torna de si mesma e de tudo o que não é aquela, tanto mais se assemelha àquilo que persegue. E como a igualdade flui do Uno e atrai e alicia pela força e na força do Uno, por isso não há descanso nem satisfação para o que atrai, nem para o que é atraído, até que se unam numa coisa só. Por isso disse o Senhor pelo Profeta Isaías, segundo o sentido: Não há igualdade ou paz de amor que me baste, enquanto eu não me manifestar em meu Filho e me abrase e inflame no amor do Espírito Santo (cf. Is 62,1). E Nosso Senhor rogou ao Pai que nos tornássemos um com Ele e nele, e não apenas unidos. Desta palavra e desta verdade temos uma imagem visível e um testemunho manifesto na própria natureza exterior. Ao produzir seu efeito, acendendo e inflamando a acha, o fogo começa a refiná-la em extremo, tornando-a diferente de si mesma; tira-lhe a espessura, o frio, o peso e a umidade, assemelhando-a gradativamente a si mesmo, o fogo; mas o fogo e a acha não descansam nem sossegam nem se contentam com tal ou qual grau de calidez ou ardor ou igualdade, até que o fogo se inengendre à acha, comunicando-lhe a sua própria natureza e o seu próprio ser, de sorte que tudo seja *um* fogo só, e igualmente próprio a ambos, sem diferença e sem mais nem menos. E por isso, até que tal ocorra, sempre há um fumaçar, um entrepelejar, um crepitar, um forcejar e porfiar entre fogo e acha. Mas, uma vez afastada e deposta toda desigualdade, o fogo se acalma e a acha silencia. E acrescento com verdade que a força oculta da natureza secretamente odeia a igualdade e a dualidade, buscando nela o uno que ama por ele mesmo somente, assim como a boca apetece e ama o sabor e a doçura no vinho. Tivesse a água o sabor do vinho, já a boca não o amaria mais do que a água.

Por esse motivo eu dizia que a alma odeia a igualdade na igualdade e não ama em si e por si mesma; ama-a por causa do uno que nela se oculta e é o verdadeiro "Pai", princípio sem princípio "de todos" "no céu e na terra". Digo pois: Enquanto houver e aparecer alguma igualdade entre o fogo e a acha, não haverá prazer verdadeiro nem silêncio nem repouso nem contentamento. E por isso dizem os mestres: A gênese do fogo só se dá através do conflito, da comoção e da agitação e no tempo; o nascimento do fogo, porém, e o prazer, é intemporal e indistante. O prazer e a alegria a ninguém se afiguram longos ou distantes. Tudo o que acabo de dizer, Nosso Senhor o quis significar dizendo: "A mulher, quando vai dar à luz, sente dor, sofrimento e tristeza; mas depois de ter dado à luz o menino, já não se lembra da aflição e da dor" (Jo 16,21). E Deus nos diz e exorta no Evangelho que roguemos ao Pai celeste que a nossa alegria se torne perfeita; e São Filipe disse: "Senhor, mostra-nos o Pai, e isso nos basta" (Jo 14,8); pois "Pai" denota nascimento e não igualdade, e significa o Uno em que a igualdade silencia e onde se cala tudo o que tem cobiça de ser.

Agora o homem pode reconhecer claramente por que e de onde lhe vem o desconsolo em todos os seus sofrimentos, desventuras e males. Ele nasce sempre e tão somente do seu distanciamento de Deus, da falta de liberdade em relação à criatura, da desigualdade com Deus e da frieza no amor a Deus.

Mas há outra coisa ainda que, ponderada com atenção, é apta a proporcionar verdadeira consolação nos infortúnios e sofrimentos exteriores.

Um homem segue pela estrada ou faz um certo trabalho ou deixa de fazer outro, e nisso sofre um acidente: quebra uma perna ou um braço, ou perde um olho, ou contrai uma doença. Se ele então ficar pensando sem cessar que, caso tivesse seguido por outro caminho ou feito outro serviço, tal coisa não lhe teria acontecido, isso o deixará desconsolado e oprimido pela aflição. O que deveria pensar é que, se tivesse tomado um outro caminho ou feito ou omitido um trabalho diferente, bem que poderia ter sofrido outro prejuízo ou dissabor muito maior; e assim, com razão, sentir-se-ia consolado.

Ou então, ponhamos que tenhas perdido mil marcos [sic]. Neste caso, em lugar de chorar o dinheiro perdido, deverias agradecer a Deus que te deu os mil marcos para que pudesses perdê-los e que, pela prática da virtude da paciência, te faz merecer a vida eterna, coisa não concedida a muitos milhares de homens.

Ponho um outro caso para mostrar como o homem pode consolar-se. Um certo homem gozou por muitos anos de honra e bem-estar e, em dado momento, por disposição de Deus, tudo perde. Este homem deve refletir com sabedoria e render graças a Deus. Com efeito, ao perceber o mal e o infortúnio presentes, ele se dá conta dos bens e da segurança que foram seus no passado; seu dever é agradecer a Deus pela segurança que por tantos anos lhe foi dado desfrutar, e sem ao menos aperceber-se da sua boa fortuna; e deixe de resmungar. Antes, deve ponderar que o homem, enquanto ser natural, nada tem de si mesmo, tirante a sua malícia e os seus achaques. Tudo o que é bom e bondade lhe vem de Deus, a título de empréstimo e não de propriedade. Pois quem conhece a verdade sabe que Deus, o Pai celeste, dá todo o bem ao Filho e ao Espírito Santo; à criatura porém não *dá* bem algum, mas só lho cede em empréstimo. O sol dá calor ao ar; a luz, só lha dá em empréstimo; é por isso que ao pôr do sol o ar perde a luz, mas retém o calor, pois este lhe é dado em próprio.

E por isso dizem os mestres que Deus, o Pai celeste, é Pai do Filho, e não seu Senhor, como também não é o Senhor do Espírito Santo. Mas Deus-Pai-Filho-e-Espírito-Santo é um só Senhor, e isso, das criaturas. E dizemos que Deus foi Pai eternamente; mas, desde o momento temporal em que criou as criaturas, Ele é Senhor.

Pois bem. Posto que tudo o que é bom ou consolador ou temporal foi dado ao homem de empréstimo, com que direito irá ele queixar-se quando o emprestador deseja retomá-lo? O que lhe cabe fazer é agradecer a Deus que por tanto tempo lho emprestou. Outrossim, deve render-lhe graças por não lhe ter retirado tudo o que lhe emprestou; como aliás seria justo que o fizesse quando o homem se irrita com a retomada, por Deus, de parte daquilo que nunca lhe pertenceu em próprio. Diz, pois, acertadamente Jeremias, o profeta, em sua grande dor e lástima: "É graças ao Senhor que não fomos aniquilados; sim, não se esgotou a sua misericórdia" (Lm 3,22). Se alguém, em dia de frio intenso, emprestou-me sua túnica, seu casaco de pele e seu manto, e quisesse retomar o manto, deixando-me a túnica e o casaco, eu deveria demonstrar-lhe o merecido agradecimento e ficar contente. E, sobretudo, convém reconhecer o quanto é injusto irritar-se e lamentar-se quando se perde alguma coisa; pois ao pretender que um bem que tenho me foi dado em próprio, e não simplesmente emprestado, eu me arvoro em senhor, ambicionando ser filho de Deus por natureza e em sentido perfeito, quando nem sequer sou filho de Deus por graça; pois o próprio do Filho de Deus e do Espírito Santo é o serem iguais em todas as coisas.

Importa saber, outrossim, que já a natural virtude humana é tão nobre e forte que não há tarefa exterior difícil demais ou grande bastante em que ela não possa exercer-se e imprimir-lhe a sua forma. E há uma obra interior que nem o tempo nem o espaço podem circunscrever ou abarcar; e há nela algo de divino e igual ao Deus incircunscrito no tempo e no espaço – Ele está igualmente presente em toda a parte e em todo o tempo; e assemelha-se a Deus também por não haver criatura alguma capaz de acolhê-la perfeitamente em si ou de assumir em si a forma da bondade divina. E por isso deve haver algo de interior e superior e incriado, sem medida e sem modo, onde o Pai celeste possa imprimir-se e derramar-se e revelar-se, a saber: o Filho e o Espírito Santo. E como é impossível pôr obstáculo a Deus, assim não há quem possa impedir a obra interior da virtude. É obra que brilha e reluz de dia e de noite, enaltecendo e cantando os louvores de Deus e entoando um cântico novo, consoante a palavra de Davi: "Cantai a Deus um cântico novo" (Sl 95,1). É terreno o louvor *daquele* e desamada de Deus é *aquela* obra que é exterior e circunscrita ao espaço e ao tempo, obra estreita e sujeita a ser tolhida e vencida, a afadigar-se e a esmorecer com o tempo e a rotina. A obra de que falo consiste no amar a Deus, no querer o bem e a bondade, e em querer o homem fazer com vontade pura e total tudo o que se propõe a fazer e quereria fazer em todas as obras boas; o que equivale a dizer que já agora o fez, assemelhando-se também nisto a Deus, de quem escreve Davi: "Tudo o que quis, agora o fez e operou" (Sl 134,6).

Para essa doutrina, temos na pedra um testemunho visível: a obra exterior da pedra consiste em cair e descansar sobre a terra. Esta obra pode ser impedida e, de fato, a pedra não cai em todo o tempo e sem cessar. Mas há outra obra mais íntima à pedra: é a sua tendência para baixo. Esta lhe é inata e não lhe pode ser tirada nem por Deus, nem pela criatura, nem por quem quer que seja. É obra que a pedra exerce dia e noite, sem cessar. Ainda que repousasse mil anos lá no alto, o seu pendor para baixo não seria menor nem maior do que no primeiro dia.

Exatamente o mesmo, digo, ocorre com a virtude: sua obra, de natureza interior, é um como tender e inclinar-se para todo o bem e um fugir e resistir a tudo o que é mau e ruim e dessemelhante à Bondade e a Deus. E quanto mais maldosa a obra, e mais dessemelhante a Deus, tanto maior será sua resistência; e, ao revés, quanto mais importante e semelhante a Deus, tanto mais lhe parecerá fácil e grata e prazerosa. Só uma é sua queixa e um só seu pesar – se lhe é possível sentir pesar –, que o sofrer por causa de Deus, e as obras exteriores e temporais – dada a sua pequenez – não lhe permitam revelar-se e manifestar-se e configurar-se plenamente. Não é seu desejo ter (já) sofrido e superado a dor e o sofrimento; quereria e desejaria sofrer sempre e sem cessar por Deus e pela prática do bem. Toda a sua felicidade está no sofrer, não no ter-sofrido, por causa de Deus. Daí a palavra memorável de Nosso Senhor: "Bem-aventurados os que sofrem por causa da justiça" (Mt 5,10). Não diz: "os que sofreram". Um tal homem (de virtude) odeia o ter-sofrido, pois não é este o sofrer que ele ama; o ter-sofrido é um ultrapassar e uma perda do sofrer por amor a Deus, o qual unicamente lhe é caro. E por isso digo que um homem assim também odeia o ainda-ter-de-sofrer, pois também isto não é sofrer. Todavia, odeia menos o sofrer-no-futuro do que o ter-sofrido, por ser este mais distante e dessemelhante ao sofrer, visto pertencer totalmente ao passado. Quando, ao contrário, alguém (ainda) *irá* sofrer, isto não o priva por inteiro do sofrimento que ama.

São Paulo declara que consentiria em separar-se de Deus por causa de Deus (Rm 9,3), e para a maior glória de Deus. Há quem afirme que São Paulo disse tal coisa no tempo em que ainda não era perfeito. Eu penso, ao contrário, que esta palavra brotou de um coração perfeito. Diz-se também que sua intenção era a de ficar separado de Deus por algum tempo (somente). Eu (porém) digo que a um homem perfeito repugnaria igualmente separar-se de Deus por uma hora ou por um milhar de anos. Mas caso fosse vontade de Deus e para honra sua que ele ficasse separado de Deus, então os mil anos, e a própria eternidade lhe seriam tão fáceis como um dia ou uma hora.

Também nisso a obra interior é divina e semelhante a Deus, e trai uma propriedade sua: assim como a totalidade das criaturas, e fossem mil os mundos existentes, não venceriam por um cabelo o valor de Deus, assim digo, como já o disse antes, que aquela obra exterior, por ampla e grande e longa e larga que seja, não aumenta em nada absolutamente a bondade da obra interior; esta traz em si mesma a sua bondade. Por esse motivo, jamais será pequena a obra exterior, sendo grande a obra interior, nem grande e boa, sendo pequena ou sem valor a obra interior. Sempre a obra interior porta em si mesma toda a sua grandeza e largura e extensão. A obra interior recebe ou deriva todo o seu ser do e no coração de Deus, e de nenhuma outra parte; recebe o Filho e nasce como filho no seio do Pai celeste. Não assim a obra externa que, ao invés, recebe a sua bondade divina por intermédio da obra interior, e como algo que se distribui e derrama como numa descensão da *deidade* revestida de distinção, de quantidade, de partes, coisas essas – como as semelhantes a elas, assim como a própria igualdade – totalmente estranhas e alheias a *Deus*. (Pois) tudo isso inere e subsiste e repousa no que é (individualmente) bom, no que é *iluminado*, no que é criatura, e completamente cego para a bondade e *a luz em si* e para o *Uno* em que Deus gera o seu Filho unigênito, e nele, a todos os que são filhos nascidos de Deus. Ali (i. é, no Uno) se dá a emanação e a origem do Espírito Santo, do qual exclusivamente, enquanto é Espírito de Deus, e enquanto o próprio Deus é Espírito, o Filho é concebido em nós, e (ali) se dá (também) a emanação (do Espírito Santo) de todos aqueles que são filhos de Deus, conforme nascem menos ou mais puros de Deus somente, sobreformados segundo Deus e em Deus, e libertos de toda multiplicidade encontradiça ainda, em virtude de sua natureza, nos anjos mais sublimes; e, a bem-dizer, libertos até mesmo da bondade, da verdade e de tudo o que – e seja apenas em pensamento e na denominação – envolve a suspeição ou a sombra de alguma diferença, e entregues (unicamente) ao Uno que se encontra livre de toda espécie de multiplicidade e diferença; (Uno este) em que também Deus-Pai-Filho-e-Espírito-Santo perde e se despoja de todas as diferenças e propriedades, e é, e são, Um só. Este Uno é o que nos torna bem-aventurados, e quanto mais afastados estivermos do Uno, tanto menos somos filhos e filho, e tanto menos perfeitamente brota em nós e emana de nós o Espírito Santo; e, ao contrário, quanto mais próximos estamos do Uno, tanto mais verdadeiramente somos filhos e filho de Deus e tanto mais também emana de nós Deus, o Espírito Santo. É isso que Nosso Senhor, o Filho de Deus na Divindade, quis significar quando disse: "Quem beber da água que eu dou, nele nascerá uma fonte de água que jorra para a vida eterna" (Jo 14,4), e São João declara que isto Ele o disse do Espírito Santo (Jo 7,39).

Na deidade, o Filho, consoante a sua propriedade, outra coisa não dá senão o ser-Filho, o ser-nascido-de-Deus, fonte, origem e emanação do Espírito Santo, do amor de Deus, e o sabor pleno, reto e total do Uno, ou Pai celeste. Por isso a voz do Pai fala do céu ao Filho: "Tu és meu Filho amado, em quem sou amado e me comprazo" (Mt 3,17), pois sem dúvida, ninguém, a não ser o Filho de Deus, ama a Deus de modo adequado e puro. Pois o Amor, o Espírito Santo, brota e emana do Filho, e o Filho ama ao Pai por Ele mesmo, e ao Pai nele mesmo, e a si mesmo no Pai. Pelo que diz muito bem Nosso Senhor: "Bem-aventurados são os pobres em espírito" (Mt 5,3), isto é, os que nada têm do espírito próprio e humano, e assim despojados se achegam a Deus. E São Paulo diz: "Deus no-lo revelou em seu Espírito" (Cl 1,8).

Diz Santo Agostinho que compreende melhor a Escritura *aquele* que, despojado de todo espírito, procura o sentido e a verdade da Escritura nela mesma, isto é, no Espírito em que foi escrita e pronunciada: no Espírito de Deus. São Pedro assevera que todos os homens santos falaram no Espírito de Deus (2Pd 1,21). E São Paulo diz: Ninguém pode conhecer e saber o que há no homem senão o espírito que está no homem, e ninguém pode saber o que é o Espírito de Deus e o que há em Deus, senão o Espírito que é de Deus e é Deus (1Cor 2,11). Por isso um escrito, ou uma glosa, diz muito acertadamente que ninguém é capaz de compreender ou de ensinar o que São Paulo escreveu, se não tiver o espírito em que São Paulo falou e escreveu. E esta é a minha queixa constante e única: que pessoas de espírito grosseiro, desprovidas e totalmente carentes do Espírito de Deus, pretendam opinar com seu tosco entendimento humano sobre o que ouvem ou leem na Escritura ditada e escrita pelo e no Espírito Santo, sem refletir no que está escrito: "O que é impossível aos homens é possível a Deus" (Mt 19,26). E (o mesmo vale) também, em geral, no domínio da natureza: o que é impossível à natureza inferior, isto é rotineiro e conforme à natureza superior.

Ao que se deve acrescentar o que eu já disse antes: que o homem bom, nascido em Deus como filho de Deus, amá-lo-á por Ele mesmo e nele mesmo, e muitas outras palavras que pronunciei anteriormente. Para compreendê-lo ainda melhor importa saber, como aliás também já o observei várias vezes, que um homem bom, nascido da Bondade e de Deus, entra em tudo o que é próprio à natureza divina. Ora, segundo a palavra de Salomão, é próprio de Deus o produzir todas as coisas por-causa-de-si-mesmo, isto é, não visando a nenhum porque fora de si mesmo, mas tão somente ao por causa de si-mesmo; Ele ama e faz todas as coisas por causa de si mesmo. Se, pois, o homem tem amor a Ele e a todas as coisas, e pratica todas as suas obras sem visar à retribuição, à honra ou ao bem-estar, mas a Deus e à sua glória somente, isto é sinal de que é filho de Deus.

Ademais, Deus ama e opera todas as coisas por causa de si mesmo; por outras palavras: Ele ama pelo amar e opera pelo operar; com efeito, Deus não teria gerado seu Filho único na eternidade se o ter-gerado não fosse igual ao gerar. Por isso dizem os santos que o Filho *foi* gerado eternamente de modo tal que, não obstante, *continua sendo* gerado sem cessar. E quanto ao mundo, Deus nunca o teria criado se o ser-criado não fosse o mesmo que o criar. Por isso Deus criou o mundo de modo tal que continua ainda a criá-lo sem cessar. Tudo o que é passado e futuro é estranho e alheio a Deus. E por isso, quem nasceu de Deus como filho de Deus, ama a Deus por Deus mesmo, isto é: ama a Deus por causa do amar-a-Deus e opera todas as suas obras por causa do operar. Deus jamais se cansa de amar e de operar, e tudo o que Ele ama é para Ele *um só* amor. E por isso é verdade que Deus é o amor. E foi pela mesma razão que eu disse acima que o homem bom desejaria, em todo o tempo, sofrer por causa de Deus, e não ter-sofrido; sofrendo, ele tem o que ama. Ele ama o sofrer-por-causa-de-Deus e sofre por causa de Deus. Por isso e nisso ele é filho de Deus, configurado segundo Deus e em Deus que ama por causa de si mesmo, isto é: ama por amor e opera por operar; pelo que Deus ama e opera sem cessar. E o operar de Deus é sua natureza, seu ser, sua vida, sua bem-aventurança. Da mesma forma, para o filho de Deus, para o homem bom enquanto é filho de Deus, o sofrer por causa de Deus e o obrar por causa de Deus é na verdade o seu ser, a sua vida, o seu operar, a sua felicidade; pois assim o diz Nosso Senhor: "Bem-aventurados são os que sofrem por causa da justiça" (Mt 5,10).

Digo, ademais, em terceiro lugar, que o homem bom, na medida em que é bom, tem algo próprio a Deus, não só porque tudo ama e opera por causa de Deus a quem ama e por quem opera, mas porque aquele que ama, ama e opera também por causa de si mesmo; pois o *que* ele ama é o Deus-Pai ingênito, e a *quem* ama é o Filho-de-Deus engendrado. Mas o Pai está no Filho, e o Filho no Pai. Pai e Filho são um. Sobre a maneira como em sua parte mais íntima e mais excelsa a alma haure e recebe no seio e no coração do Pai celeste o Filho de Deus e o vir-a-ser-filho--de-Deus, procura-o depois deste livro, onde escrevo "Sobre o homem nobre que partiu para uma região longínqua a fim de ser investido na realeza e voltar" (Lc 19,12).

Convém saber, outrossim, que na natureza a impressão e o influxo da natureza superior ou suprema é para cada (ser) mais deleitoso e prazeroso do que sua própria natureza e essência específica. A água, por sua natureza própria, corre para baixo e rumo aos vales, e nisso está sua essência. Contudo, sob a impressão e o influxo da Lua, ela renuncia e olvida a sua própria natureza e corre morro acima e para o alto, e tal ex-curso lhe é muito mais fácil que o curso para baixo. Nisso deve o homem reconhecer se anda acertado, e se vê um motivo de alegria e regozijo no abandono e na renúncia de sua vontade natural e no despojamento total de si mesmo em tudo o que Deus quer que ele sofra. Tal é o sentido verdadeiro da palavra de Nosso Senhor: "Quem quiser vir a mim deve renunciar a si mesmo e negar-se a si mesmo e tomar a sua cruz" (Mt 16,24), isto é, deve depor e largar tudo o que é cruz e sofrimento. Com efeito, para o homem que se renunciasse a si mesmo, despojando-se totalmente de si próprio, já não haveria cruz ou dor ou sofrimento; para ele, tudo seria deleite, alegria e regozijo do coração, e um homem assim viria e seguiria a Deus verdadeiramente. Pois assim como nada pode entristecer ou causar dor a Deus, assim nada haveria que pudesse afligir ou fazer sofrer a um tal homem. Portanto, a palavra de Nosso Senhor: "Quem quiser vir a mim, negue-se a si mesmo, tome a sua cruz e siga-me" não é um mero preceito, como geralmente se diz e supõe; é, antes, uma promessa e uma instrução divina sobre o modo como todo o sofrer e fazer e viver do homem se transforma em objeto de alegria e deleite; em suma, é uma recompensa, mais que um preceito. Pois um homem desse feitio tem tudo o que quer, e nada quer de ruim, e isso é ser bem-aventurado. Mais uma vez, pois, Nosso Senhor diz com acerto: "Bem-aventurados os que sofrem por causa da justiça" (Mt 5,10).

Ao demais, quando Nosso Senhor, o Filho, diz: "este negue-se a si mesmo e tome a sua cruz e venha a mim", o que Ele quer dizer é isto: faça-se filho, como eu sou Filho, Deus engendrado, e (torne-se) o mesmo uno que eu sou e que eu, inabitando e inestando, derivo do seio e do coração do Pai. Pai, diz o Filho, eu quero que aquele que me segue, que vem a mim, esteja ali onde eu estou (cf. Jo 12,16). Ninguém, no sentido próprio da expressão, vem ao Filho enquanto este é *Filho,* salvo o que *se torna* por sua vez filho, e ninguém *está* ali onde está o Filho que, no seio e no coração do Pai, é um no uno, senão aquele que é filho.

"Levá-la-ei ao deserto e falar-lhe-ei ao coração", diz o Pai (Os 2,16). (Falar) de coração a coração, (ser) um no uno, eis o que Deus ama. Tudo o que é estranho e alheio a *isso,* Deus o odeia; é ao uno que Deus nos chama e atrai. Todas as criaturas buscam o uno, mesmo as mais ínfimas, e as supremas tomam conhecimento dele; sobre-elevadas à (sua) natureza, e revestidas de uma forma superior, buscam o um no uno, o um em si mesmo. Por isso o Filho parece querer dizer: no Filho da Deidade, no Pai, onde eu estou, ali deve estar o que me serve, o que me segue, o que vem a mim.

Mas ainda há mais outra consolação. Importa saber que a natureza em peso é incapaz de destruir ou corromper ou sequer tocar o que quer que seja, sem tencionar algo de melhor, em lugar daquilo que tocou. Não lhe basta criar um bem igual: sempre visa a produzir algo de melhor. Como assim? Um médico sábio não apalpa um dedo ferido, causando-lhe dor, salvo para melhorar o estado desse órgão ou o do homem inteiro, proporcionando-lhe alívio. Se lhe é possível curar o homem, ou apenas o dedo, tratará de fazê-lo; caso contrário, cortará o dedo a fim de salvar o homem. E é muito preferível sacrificar o dedo, conservando o homem, a deixar perecer tanto o dedo como o homem. *Um* prejuízo é preferível a dois, máxime quando um destes for muito maior do que aquele. Convém saber também que o dedo e a mão, e cada um dos órgãos, têm por natureza muito mais amor ao homem – de quem é órgão – do que a si mesmo, incorrendo de bom grado e sem hesitar em perigos e danos, em benefício do homem. Digo com toda a certeza e consoante a verdade que um tal órgão absolutamente não se ama a si mesmo, salvo em atenção àquele, e naquele, de quem é órgão. Por isso seria muito justo, reto e normal que não tivéssemos amor algum a nós mesmos, salvo em vista de Deus e em Deus. Se assim fosse, ser-nos-ia fácil e grato tudo o que Deus quer de nós e em nós, máxime quando sabemos com certeza que, muito menos (que a natureza), Deus toleraria um achaque ou prejuízo, sem ver e tencionar um lucro incomparavelmente maior. Deveras, quem não nutre tal confiança em Deus, bem que merece o sofrimento e a dor.

Há mais outro consolo. Diz São Paulo que Deus disciplina a todos aqueles que adota e recebe como filhos (cf. Hb 12,6). O sofrer faz parte do querer-ser-filho. Foi por não poder sofrer na Deidade e na eternidade que o Filho de Deus foi enviado pelo Pai celeste ao tempo, a fim de que, feito homem, pudesse sofrer. Portanto, se queres ser filho de Deus, mas sem querer sofrer, então andas muito errado. Está escrito no Livro da Sabedoria que Deus examina e prova o justo como se prova e examina e abrasa o ouro na fornalha (cf. Sb 3,5-6). Para o cavaleiro é sinal de insigne confiança da parte do rei ou príncipe o ser enviado ao combate. Tenho visto um senhor que, por vezes, depois de admitir a alguém na sua criadagem, o fazia sair à noite para então, (montado) a cavalo, investir contra ele e provocá-lo à luta. E numa dessas ocasiões quase foi morto por um homem a quem submetera a essa prova; e desde então passou a gostar muito mais deste criado do que dantes.

De Santo Antão, o eremita, se lê que certa vez teve de sofrer mais que de costume da parte dos espíritos malignos; e tendo superado o sofrimento, Nosso Senhor lhe apareceu em forma visível e perceptivelmente alegre. Ao que disse o santo homem: "Ó amado Senhor, onde estavas há pouco, quando estive em tão grande apuro?" E Nosso Senhor lhe disse: "Aqui estive, exatamente como aqui estou agora. Mas eu quis e desejei ver até onde ia a tua piedade". Um pedaço de prata ou de ouro certamente é puro; mas se dele se quer fazer uma vasilha para uso do rei, costuma-se abrasá-lo muito mais intensamente que algum outro. Por isso está escrito, a respeito dos apóstolos, que eles se alegraram por terem sido achados dignos de sofrer afrontas pelo nome de Jesus (At 5,41).

O Filho de Deus por natureza condescendeu em tornar-se homem, para assim poder sofrer por ti, e tu queres tornar-te filho de Deus e não homem, para não precisares sofrer por causa de Deus nem de ti mesmo.

Quisesse o homem ter presente e ponderar o quanto na verdade Deus mesmo, a seu modo, e todos os anjos, e todos os que conhecem e amam a Deus, se alegram com a paciência do homem que sofre dores e males por Deus, em verdade, isso deveria bastar, por si só, a deixá-lo consolado. E há mesmo quem sacrifique seus bens e sofra dissabores a fim de contentar um amigo e fazer-lhe algum bem.

Por outro lado, é preciso ponderar o seguinte. Se um homem tivesse um amigo que por amor dele sofresse dores e contratempos, mui justo seria, por certo, que se encontrasse ao lado dele, consolando-o com sua presença e com (toda) outra consolação que pudesse proporcionar-lhe. Por isso, no Livro dos Salmos, Nosso Senhor diz estar perto do homem bom que sofre (Sl 33,19). Dessa palavra podem tirar-se sete ensinamentos e outros tantos motivos de consolo.

Primeiramente, temos a palavra de Agostinho: a paciência no sofrer por causa de Deus, diz, é melhor, mais valiosa, mais excelsa e nobre do que tudo aquilo que se pode tirar ao homem contra a sua vontade; tudo isso são (apenas) bens exteriores. Não obstante, é sabido que entre os amantes deste mundo não há um só, por muito rico que seja, que não estivesse disposto a sofrer de bom grado uma dor considerável, e mesmo a suportá-la por longo tempo, se depois disso pudesse ser o senhor poderoso de todo este mundo.

O segundo ensinamento – e não só o deduzo daquela palavra onde Deus diz estar perto do homem que sofre, mas tomo-o (diretamente) da e na palavra; digo pois: se Deus está comigo quando sofro, que mais quero, que outra coisa desejo? Pois se sou homem de bem não quero outra coisa, e nada desejo fora de Deus. Diz Santo Agostinho: "Bem cobiçoso e néscio é o homem a quem Deus não basta", e em outro lugar: "Como pode o homem contentar-se com as dádivas interiores e exteriores de Deus, se não lhe basta o próprio Deus?" E em mais outro lugar: "Senhor, se nos rejeitas de ti, dá-nos um outro Tu, pois nada queremos senão a ti". Por isso diz o Livro da Sabedoria: "Com Deus, a sabedoria eterna, vieram-me todos os bens" (Sb 7,11). O que significa, em *um* sentido, que nada é bom nem pode ser bom que nos venha sem Deus, e tudo o que vem com Deus é bom, e só é bom porque vem com Deus. Sobre Deus vou silenciar. Se a todas as criaturas do mundo inteiro se tirasse o ser que Deus dá, elas seriam reduzidas a um mero nada, desalegres, sem valor e dignas de ódio. Muitos outros sentidos primorosos comporta a palavra: com Deus nos vem todo o bem; sua exposição porém nos levaria muito longe.

Diz o Senhor: "Com ele estarei na adversidade" (Sl 90,15). Comenta São Bernardo: "Senhor, Tu estás conosco no sofrimento; deixa-me pois sofrer em todo o tempo, para estares sempre comigo, e para que eu te possua sempre".

Em terceiro lugar, digo que a palavra: "Deus está conosco na adversidade" significa que Ele próprio sofre conosco. Na verdade, quem conhece a verdade sabe que digo a verdade. Deus sofre com o homem e, a seu modo, sofre até antes, e incomparavelmente mais do que sofre aquele que sofre por amor dele. Digo pois: se o próprio Deus quer sofrer, justo é que (também) *eu* sofra, pois se me porto bem, eu quero o que Deus quer. Rogo todos os dias, e Deus manda que assim rogue: "Senhor, faça-se a tua vontade!" E, no entanto, quando Deus quer o sofrimento, o que eu quero é queixar-me do sofrimento: coisa muito fora de propósito. Outrossim, afirmo como coisa certa que Deus tanto se agrada em sofrer conosco e por nós, quando sofremos por causa de Deus somente, que Ele sofre sem sofrimento. Tão grato lhe é o sofrer que o sofrimento, para Ele, não é sofrimento. E por isso, se procedêssemos com retidão, para nós também o sofrimento não seria sofrimento, e sim, deleite e consolação.

Em quarto lugar, digo que a simpatia dos amigos diminui, naturalmente, o (próprio) sofrimento. Ora, se o sofrimento que um homem compartilha comigo é capaz de me consolar, quanto mais não me há de consolar o compadecimento de Deus.

Em quinto lugar, se devo e quero sofrer com um homem a quem amo e que me ama, tanto mais devo sofrer de bom grado com Deus que, pelo amor que me tem, sofre comigo e por mim.

Em sexto lugar, digo: se de fato Deus sofre antes que eu sofra, e se sofro por amor de Deus, facilmente todo o meu sofrer se converterá para mim em consolação e alegria, por grande e multiforme que possa ser. É uma verdade de natureza: quando o homem opera em vista de outra obra, o fim pelo qual opera está mais perto do seu coração, e a obra que faz está mais longe dele, e só lhe interessa em atenção ao fim pelo qual a faz. O construtor talha a madeira e apara as pedras, a fim de construir uma casa contra o calor do verão e o frio do inverno; seu interesse primeiro e total é a casa, e nunca talharia as pedras, nem faria todo aquele trabalho, a não ser em vista da casa. Sabemos que uma pessoa enferma que bebe vinho doce costuma declarar que este lhe parece ser amargo. E é verdade, pois o vinho perde a sua doçura fora, no amargor da língua, antes de alcançar a parte interior onde a alma percebe o sabor e o julga. Da mesma forma, e num sentido incomparavelmente mais elevado e verdadeiro, Deus, como o ser mais próximo à alma, é o (agente) mediador do homem que faz todas as suas obras por amor dele, e nada há que possa afetar-lhe a alma ou o coração sem perder necessariamente o seu amargor e sem tornar-se totalmente doce, mercê de Deus, e da doçura de Deus, antes mesmo de conseguir tocar o coração do homem.

Há ainda um outro testemunho e uma outra analogia. Dizem os mestres que debaixo do céu e ao redor de toda a sua extensão há fogo; e é por isso que as chuvas, os ventos e os temporais e tempestades vindos de baixo são incapazes de aproximar-se do céu, para ao menos tocá-lo: tudo é consumido e destruído pelo ardor do fogo, antes de alcançar o céu. Exatamente assim, digo eu, tudo o que se suporta e faz por amor de Deus torna-se doce na doçura de Deus, antes que chegue ao coração do homem que sofre e obra por amor de Deus. Com efeito, é isso mesmo que significa a expressão "por amor de Deus", visto que nada chega ao coração sem passar pela doçura de Deus, onde perde o seu amargor. E além disso, é consumido pelo fogo ardente do amor divino que circunda e envolve o coração do homem bom.

Já se vê claramente, agora, como são muitas e eficazes as maneiras por que o homem bom pode consolar-se em todas as situações: no sofrer, na dor, no obrar. Uma é a maneira (de consolar-se) quando sofre e obra por causa de Deus; e outra quando (já) está no divino amor. Também lhe é possível verificar e saber se faz todas as suas obras por amor de Deus e se está no amor de Deus; com efeito, na medida em que o homem se encontra aflito e desconsolado, o seu obrar não se deu por amor a Deus somente. E repara que na mesma medida também não está firme no divino amor. "Com Deus e à frente de Deus", diz o Rei Davi, "caminha um fogo, consumindo ao redor tudo que a Deus se opõe" (cf. Sl 96,3) e tudo o que é dessemelhante de Deus, isto é: a dor, o desconsolo, o desassossego e a amargura.

Resta o sétimo (motivo de consolação) na palavra que declara estar Deus conosco e compartilhar o nosso sofrimento, a saber: Deus, em virtude do seu modo próprio de ser, pode consolar-nos fortemente, visto ser Deus a unidade pura, exclusiva de toda multiplicidade (resultante) de alguma distinção, e seja apenas pensada; pois que tudo o que nele há é o próprio Deus. E como isto é verdade, eu digo: Tudo o que o homem bom sofre por causa de Deus, ele o sofre em Deus, e Deus sofre com ele no sofrimento dele. Se sofro em Deus, e Deus sofre comigo, como pode o meu sofrer constituir para mim um sofrimento, quando o sofrer perde o (caráter de) sofrimento, e quando o meu sofrimento está em Deus e o meu sofrimento é Deus? Verdadeiramente, assim como Deus é a Verdade, e como encontro o meu Deus, a Verdade, onde quer que eu encontre uma verdade, assim também, não menos nem mais, quando encontro um sofrer puro, um sofrer por amor de Deus e em Deus, encontro o meu sofrer como (o meu) Deus. Quem não compreende isto, culpe a sua própria cegueira, e não a mim, nem a divina Verdade ou a Bondade amorável de Deus.

Por este modo, pois, deveis sofrer por amor de Deus, porque sofrer assim é coisa sumamente salutar, e a mesma bem-aventurança! "Bem-aventurados", disse Nosso Senhor, "são os que sofrem por causa da justiça" (Mt 5,10). Como poderia um Deus amante da Bondade permitir que seus amigos, os homens bons, não estivessem sempre e sem cessar no sofrimento? Se um homem tivesse um amigo disposto a sofrer durante uns poucos dias para assim lucrar grandes vantagens, honrarias e comodidades, e possuí-las por muito tempo, e se aquele homem quisesse impedi-lo nisso pessoalmente ou por intermédio de outrem, não seria considerado amigo dele, nem lhe demonstraria amor. Por isso Deus não poderia permitir, de forma alguma, que seus amigos, os homens bons, jamais estejam livres de sofrimento, se não pudessem sofrer sem sofrimento. Como apontei acima, toda a bondade do sofrimento exterior provém e flui da bondade da vontade. E por isso, tudo aquilo que o homem quereria sofrer e está disposto e deseja sofrer por amor de Deus, ele o sofre (de fato) ante a face de Deus e por causa de Deus e em Deus. Diz Davi no Livro dos Salmos: "Pronto estou para toda a adversidade, e diante de mim e em meu coração está sempre a minha dor" (cf. Sl 37,18). Diz São Jerônimo que a cera, posto que seja pura e bastante macia para tomar todas as formas que dela se devam ou queiram tirar, contém em si tudo aquilo que dela se pode figurar, ainda que ninguém tire dela qualquer figura exteriormente visível. Também escrevi acima que a pedra não é menos pesada quando não repousa sobre a terra de modo visível; seu peso está inteira e perfeitamente no seu tender para baixo e no estar disposta, em si mesma, a ir para baixo. No mesmo sentido escrevi acima que o homem bom já *fez*, agora, no céu e na terra, tudo o que *quis* fazer, assemelhando-se também nisso a Deus.

Por onde se pode ver e reconhecer o espírito grosseiro das pessoas que costumam admirar-se em ver homens bons sofrendo dores e contratempos e que, à vista disso, muitas vezes julgam erroneamente que tudo aquilo provém de algum pecado oculto, pelo que dizem às vezes: "E eu imaginava que esse homem fosse tão bom! Como se explica que ele padeça tão grandes dores e contratempos, quando eu acreditava que ele fosse um homem sem falha?" E eu concordo com elas: Sem dúvida, se as coisas que elas padecem *fossem* (verdadeiros) sofrimentos, e dores e desgraças *para elas,* então elas não seriam boas nem sem pecado. Mas se são pessoas boas, os ditos sofrimentos não são sofrimentos nem desgraças para elas; antes, são para elas uma grande ventura e felicidade. "Bem-aventurados", diz Deus, a Verdade, "são todos aqueles que sofrem por causa da justiça" (Mt 5,10). Por isso se diz no Livro da Sabedoria que "as almas dos justos estão na mão do Senhor. Aparentemente eles estão mortos aos olhos dos insensatos: seu desenlace é julgado como uma desgraça, e sua morte como uma destruição, quando na verdade estão na paz" (Sb 3,1), no regozijo e na beatitude. Na passagem onde São Paulo descreve as múltiplas e grandes penas sofridas por numerosos santos, ele diz que o mundo não era digno deles (Hb 11,36s.). Esta palavra, se bem-entendida, tem um sentido tríplice. O primeiro é que este mundo não merece a existência de muitos homens bons. Um segundo sentido é preferível e denota que a bondade deste mundo se apresenta como desprezível e sem valor; só Deus tem valor, e por isso eles são valiosos para Deus e dignos de Deus. O terceiro sentido é aquele em que penso agora, a saber: que este mundo, ou seja, as pessoas que amam este mundo, não são dignas de padecer dores e adversidades por causa de Deus. Por isso está escrito que os santos apóstolos se alegraram por terem sido considerados dignos de sofrer ultrajes por causa do nome de Deus (At 5,41).

Mas basta de *palavras*. Pois na terceira parte deste livro vou escrever sobre várias formas de consolação que também devem e podem consolar o homem bom no seu sofrimento; com a diferença de que agora as encontrará nas *obras*, e não apenas nas palavras de homens bons e sábios.

3

No Livro dos Reis se lê que um homem amaldiçoou o Rei Davi e o cobriu de graves insultos. Um dos amigos de Davi lhe disse que ia matar aquele cão insolente. Mas o rei lhe disse: "Não! Talvez o Senhor me dê bens pelos insultos de hoje" (2Rs 16,5s.).

No livro dos Padres se lê que um homem veio queixar-se a um deles do seu muito sofrer. Este lhe disse: "Queres, filho, que eu rogue a Deus que te livre dos sofrimentos?" "Não, pai", disse o homem, "pois reconheço que eles são salutares para mim. Antes, pede a Deus que me dê a graça de suportá-los de boa vontade".

Certa feita perguntaram a um homem enfermo por que não pedia a Deus que lhe restabelecesse a saúde. O homem disse que preferia não fazê-lo, por três motivos. Primeiro, porque cria estar certo de que um Deus cheio de amor jamais permitiria que ele estivesse doente se não fosse para o seu bem. Um outro motivo, disse, é que o homem, posto que seja bom, quer tudo o que Deus quer, e não que Deus queira o que o homem quer; (pois) isto seria coisa mui descabida. Portanto, se Ele quer que eu esteja enfermo – e se não o quisesse, eu não estaria enfermo –, então não devo desejar estar são. Pois, sem dúvida, se fosse possível que Deus me desse a saúde sem que Ele o quisesse, então o ser curado por Deus seria para mim coisa sem valor e indiferente. O querer vem do amar, o não querer vem do não amar. Muito preferível, melhor e mais proveitoso é para mim que Deus me ame estando eu doente, do que estar são de corpo e não ser amado de

Deus. O que Deus ama, algo é; o que Deus não ama, nada é, assim diz o Livro da Sabedoria (cf. Sb 11,25). Também nisto está a verdade: que tudo o que Deus quer é bom pelo fato e no fato mesmo de que Deus o quer. Deveras, e para falar à maneira humana, eu preferiria que um homem rico e poderoso, um rei por exemplo, me amasse, deixando embora de beneficiar-me por algum tempo, a logo receber alguma coisa por sua ordem sem gozar do seu amor sincero; e que, por amor, nada me desse agora, contanto que deixasse de presentear-me agora só porque tenciona cumular-me, depois, de presentes tanto mais ricos e magníficos. E suponhamos, mesmo, que o homem que me ama e nada me dá agora, não tencione dar-me coisa alguma mais tarde; pode ser que, pensando melhor, me dê alguma coisa. Aguardarei com paciência, tanto mais que a sua dádiva é graciosa e imerecida. Uma coisa é certa: o homem de cujo amor eu não fizesse caso e cuja vontade eu contrariasse, mirando apenas às suas dádivas, com toda a justiça me deixaria sem nada e, além disso, com razão me odiaria *e* me abandonaria à desgraça.

O terceiro motivo pelo qual não me interessa e até me repugna pedir a Deus que me restitua a saúde é que não quero nem devo pedir coisa de tão pouco valor a um Deus tão rico, benevolente e generoso. Suponhamos que eu viajasse cem ou duzentas milhas para ver o papa e, admitido à sua presença, lhe dissesse: "Senhor e Santo Padre, percorri duzentas milhas, em viagem difícil e onerosa, para vir até aqui. E agora peço a Vossa Santidade – pois foi com esse fim que vim à vossa presença –, que me deis uma fava!" Na verdade, o papa, e cada um que tomasse conhecimento do fato diria, e com toda a razão, que eu sou um tolo de marca maior. Mas é verdade certa que, em comparação a Deus, todos os bens, e mesmo a criação inteira, valem menos do que uma fava, comparada a todo este mundo corporal. Por isso, posto que seja homem bom e sábio, cabe-me desdenhar, com razão, o desejo de pedir que Deus me dê saúde.

Nesse contexto digo, ademais, ser indício de ânimo fraco o alegrar-se ou preocupar-se alguém com as coisas passageiras deste mundo. E o homem que descobrisse tal coisa em si deveria envergonhar-se mui sinceramente diante de Deus e dos seus anjos e diante dos homens. Pois não é assim que nos envergonhamos, e muito, de um defeito facial que as pessoas percebem (apenas) exteriormente? Mas por que prolongar o discurso? Tanto os livros do Antigo e do Novo Testamento como os dos Santos, e também os dos pagãos, estão repletos de exemplos de como homens piedosos, por amor a Deus e também por virtude natural, entregaram suas vidas e espontaneamente se negaram a si mesmos.

Sócrates, um mestre pagão, diz que as virtudes tornam possíveis coisas impossíveis e, ademais, fáceis e agradáveis. Não quero deixar de mencionar também aquela mulher piedosa de quem nos fala o Livro dos Macabeus: como um dia presenciou com seus próprios olhos as torturas terríveis, desumanas e horripilantes infligidas e aplicadas aos seus sete filhos, e como assistiu a tudo de ânimo alegre, alentando-os e exortando-os um a um a sacrificar de bom grado corpo e alma por amor à justiça de Deus. E assim concluo este livro. Mas gostaria de acrescentar mais duas palavras.

A primeira é esta: um homem bom e divinal deveria sentir-se viva e profundamente envergonhado por deixar-se abalar pela dor, quando vemos como o mercador, para tirar um lucro insignificante, e ainda por cima incerto, percorre, vezes seguidas, terras distantes, por caminhos difíceis, cruzando montanhas e vales, desertos e mares, ameaçado de perder a vida e os bens nas mãos de bandidos e assassinos, sofrendo grandes privações à míngua de comida e bebida e sono, e sujeitando-se a outros incômodos mais; tudo isso ele o desconhece de bom grado por causa de um lucro tão pequeno e incerto. O cavaleiro arrisca no combate os haveres, a vida e a alma em troco de uma glória passageira e de curtíssima duração, e nós reputamos por um prodígio uns poucos sofrimentos por Deus e pela bem-aventurança eterna!

A outra palavra que (ainda) quisera dizer é que muito indivíduo de espírito grosseiro dirá que das palavras que escrevi neste livro, e noutra parte também, muitas não são verdadeiras. A um tal eu respondo o que diz Santo Agostinho no primeiro livro das *Confissões*. Observa ele que tudo o que ainda está por vir, mesmo daqui a milhares e milhares de anos, caso o mundo subsista por tanto tempo, Deus (já) o fez agora, e ainda hoje fará tudo o que já passou há muitos milênios. Que posso eu fazer, se alguém não compreende? E outra vez diz, noutro lugar, que manifestamente se ama por demais a si mesmo o homem que quer cegar os outros para que a sua cegueira fique oculta. A mim me basta que em mim e em Deus seja verdadeiro o que falo e escrevo. A quem vê uma vara mergulhada na água ela parece ser torta, embora seja perfeitamente reta; o que vem do fato de ser a água mais grosseira que o ar; sem embargo, tanto em si mesma como aos olhos de quem a vê somente na pureza do ar, a vara é reta e não torta.

Diz Santo Agostinho: "Aquele que, sem conceitos múltiplos, sem objetos múltiplos e sem representações figurativas conhece interiormente o que nenhuma visão exterior introduziu, sabe que isso é verdadeiro. Mas o que nada sabe disso, este se ri e escarnece de mim; eu porém tenho pena dele. E, no entanto, indivíduos deste jaez pretendem contemplar e perceber coisas eternas e obras divinas e situar-se na luz da eternidade, quando o seu coração continua borboleteando no ontem e no amanhã".

Sêneca, um mestre gentio, diz: "De coisas grandes e elevadas convém falar com sentimentos grandes e elevados e com alma sublime". Dir-se-á também que não se deve falar ou escrever sobre tais doutrinas para os iletrados. A isso respondo: se não é lícito instruir os iletrados, nunca ninguém se fará letrado, e já não haverá quem possa ensinar ou escrever. Com efeito, é por isso que se cuida de instruir os iletrados, para que, de iletrados, se tornem letrados. Se nada houvesse de novo, nada ficaria velho. "Os que gozam de saúde", diz Nosso Senhor, "não necessitam de medicamento" (Lc 5,31). O médico existe é para curar os doentes. Mas se há quem entenda mal estas palavras, que pode fazer o homem que bem exprime esta palavra que é boa? São João anuncia o Santo Evangelho a todos os crentes, e também a todos os descrentes, a fim de que se façam crentes e, no entanto, ele principia o Evangelho com o enunciado mais sublime sobre Deus que o homem pode fazer neste mundo; e, por sinal, muitas vezes as suas palavras, como as de Nosso Senhor, foram mal-entendidas.

Que o Deus de amor e misericórdia, a (própria) Verdade, nos dê, a mim e a todos os que irão ler este livro, encontrar e tomar consciência da verdade em nós. Amém.

Clássicos da Espiritualidade

Confira outros títulos da coleção em

livrariavozes.com.br/colecoes/classicos-da-espiritualidade

ou pelo Qr Code

Conecte-se conosco:

- **f** facebook.com/editoravozes
- **◉** @editoravozes
- **X** @editora_vozes
- **▶** youtube.com/editoravozes
- **◯** +55 24 2233-9033

www.vozes.com.br

Conheça nossas lojas:

www.livrariavozes.com.br

Belo Horizonte – Brasília – Campinas – Cuiabá – Curitiba
Fortaleza – Juiz de Fora – Petrópolis – Recife – São Paulo

EDITORA VOZES LTDA.
Rua Frei Luís, 100 – Centro – Cep 25689-900 – Petrópolis, RJ
Tel.: (24) 2233-9000 – E-mail: vendas@vozes.com.br